CATALOGUE

DE

MONNAIES

Françaises Royales & Seigneuriales

DE

MONNAIES ÉTRANGÈRES

EN OR, ARGENT ET BRONZE

Composant la Collection de M. THIÉBAUT

DONT LA VENTE AUX ENCHÈRES PUBLIQUES AURA LIEU

A PARIS

LES VENDREDI 13 & SAMEDI 14 AVRIL 1860, A MIDI

HOTEL DES COMMISSAIRES-PRISEURS

Rue Drouot, n° 5

SALLE N° 6 BIS

Par le ministère de Me **DELBERGUE-CORMONT**, Comm^re-Priseur, rue de Provence, 8;

Assisté de M. **ROLLIN**, Expert, rue Vivienne, 12,

Chez lesquels se distribue ce Catalogue.

EXPOSITION PUBLIQUE

Le Jeudi 12 Avril 1860, de 1 heure à 5 heures.

PARIS

RENOU & MAULDE

IMPRIMEURS DE LA COMPAGNIE DES COMMISSAIRES-PRISEURS

1860

CONDITIONS DE LA VENTE

Elle sera faite au comptant.

Les Acquéreurs paieront CINQ centimes par franc, applicables aux frais.

CATALOGUE

DE

MONNAIES

Médailles Gauloises.

1. Tête barbare. ℟. Bige. — Ornements divers. ℟. Lisse AV. 5, 3, 1. 3 ps.
2. Marseille. — Tête de Diane. — Tête d'Apollon. ℟. Lion. — ℟. Roue.
3. Ateula. — Vieille Toulouse. — Durnacos. — Armorique, etc. AR. 22 ps.
4. Lot presque semblable. 22 ps.
5. Lot presque semblable. 21 ps.
6. Germanus Indutilis. — Remi. — Massilia et différents types bronze et potin. 28 ps.
7. Lot semblable. 28 ps.
8. Lot semblable. 29 ps.

Triens Mérovingiens.

9. Autun. AVGVSTEDVNI. Tête à dr. ℟. TEVDVLFO. MVNET. Grande croix, de chaque côté. A. G. AV.
10. Châlons-sur-Saône. CABILONO. FIT. Tête à droite. C. A. Séparé par une croix. — Différents noms de monétaires. AV.
11. Indéterminés. Tête. ℟. Croix. 5 ps. AV.
12. Triens en argent avec Têtes et monogrammes. 9 ps.
13. Un lot semblable. 9 ps.

14. Gondebaud, roi de Bourgogne. Tête d'Anastase, de face, la haste sur l'épaule. ℟. VICTORIA AVGGG. Ω. Victoire debout, à côté le monogramme de Gondebaud. Sol d'or.

15. — Tête à droite d'Anastase. ℟. Victoire devant le monogramme de Gondebaud. 1/3 sol d'or.

Pour ces deux pièces, voir Lenormand, *Revue numismatique*, 1848.

Seconde race.

16. Charlemagne. Mayence. CAROLVS. En deux lignes. Fougères et Combrouse, N. 12 et 13. 2 ps.

17. — Médoc. CAROLVS. en deux lignes. ℟. MEDOGVS. En légende circulaire.

18. — Bourges. CARLVS. REX. Tête à gauche. ℟. BITVRICES. en deux lignes.

19. — Agen. CARLVS. REX. FR. Croix. ℟. AGINNO. Monogramme de Charles.

20. — Bourges. CARLVS. REX. FR. Croix. ℟. BITVRICAS. Mon. de Charles.

21. — Toulouse. CARLVS. REX. FR. Croix. ℟. TOLVSA. Mon. de Charles.

22. — Melle. Grand monogramme carlovingien occupant tout le champ. ℟. METVLLO. Croix.

23. — Melle. CARLVS. REX. FR. ℟. Monog. carlovingien.

24. — — Pièce semblable, mais d'une fabrique bien postérieure, le type est beaucoup plus grossier.

25. Charlemagne et Grimoald, prince de Benevent. GRIMVALD. Buste de face. ℟. DOMS. CAR. REX. Longue croix accostée de GR. à l'exergue. VIC. Un tiers sol d'or.

26. — Milan. CARLVS. REX. FR. ℟. MEDIOL. Monog. carlovingien.

27. — Mayence. CARLVS. REX. FR. Monog. de Charles. ℟. MOGONTIA. Croix sur des degrés.

28. — Nevers. CARLVS. IMP. AVGG. ℟. NEVERNIS. CIVIT. Monog. de Charles.

29. — CARLVS. REX. ℟. XPIANA. RIGIO. Monog. de Charles.

30. Louis-le-Débonnaire. DN. LVDOVV. IMPP. Tête laurée. ℟. légende barbare, probablement XPISTIANA. RELIGIO. Sol d'or, écorné.

31. Louis le Débonnaire. H. LUDDOVICVS IMP. AVG. Tête à droite. ℟. METALLVM. Instruments de monnayage.

32. — H. LVDOVVICUS. IMP. ℟. MASSILLIA. En deux lignes. Marseille.

33. — Melle. H LVDOVVICVS. IMP. ℟. METALLVM. En deux lignes.

34. — Melle. H. LVDOVVICVS. IMP. ℟. METALLVM. En légende circulaire.

35. — Melle. H. LVDOVVICVS IMP. ℟. METALLVM. Obole.

36. — Pavie. H. LVDOVVICVS. IMP. ℟. PAPIA. En une seule ligne.

37. — Tours. H. LVDOVVICVS. IMP. ℟. TVRONES. En deux lignes.

38. — ℟. XRISTIANA RELIGIO. Temple.

39. — ℟. XRISTIANA. RELIGIO. Temple. Obole.

40. Lothaire Ier. LOTHARIVS IMPERAT. ℟. DORESTATVS. MON. Temple. Duerstedt.

41. — Pavie, H. LOTHARIVS. IMP. ℟. PAPIA. En une ligne.

42. — Quentowic. VTARIVS. IMP. ℟. QVENTOVVICI. Mon. carlovingien.

43. — H. LOTHARIVS. IMP. ℟. XRISTIANA. RELIGIO. Temple.

44. Pépin d'Aquitaine. CARLVS. REX. ℟. AQVITANIA. En deux lignes. Obole.

45. Charles d'Aquitaine. CARLVS. REX. ℟. AQVITANIA. En deux lignes. Obole.

46. Charles le Chauve. Angers. GRATIA. D-I. REX. Mon. carl. ℟. ANDECAVIS. CIVITAS.

47 — Blois. GRATIA. D-I. REX. Mon. carlov. ℟. BLESIANIS. CASTRO.

48. — Bourges. CARLUS. REX. ℟. BITVRIGES. CIVIS. Mon. de Ch.

49. — Courtsessin. GRATIA., etc. Mon. de Ch.

50 — Le Mans. GRATIA., etc. ℟. CINOMANIS. CIVITAS.

51. — Orléans. GRATIA., etc. ℟. AVRELIANIS. CIVITAS.

52. — Monnaie du Palais. GRATIA., etc. ℟. PALATINA. MONE.

53. — Reims. GRATIA., etc. ℟. IN. REMIS. CIVITA. (Inédit.)

54. — Reims. GRATIA., etc. ℟. REMIS. CIVITAS.

55. — Rouen. GRATIA., etc. ℟. ROTVMAGVS. CIVIA.

56. — Rouen. Obole.

57. — Tours. GRATIA., etc. ℟. H. TVRONES. CIVITAS.

58. — Louis le Bègue. Tours. MISERICORDIA. D. I. REX. Monogramme de LVDOVICVS dans le champ. ℟. TVRONES. CIVITAS. Croix.

59. Eudes. Angers. GRATIA. D. I. REX. Monogramme d'Eudes. ℟. ANDECAVIS CIVITAS.

60. — Blois. GRATIA. D. I. REX. ℟. BLESIANIS CASTRO.

61. — Limoges. GRATIA. D-I. REX. ODO. Entre deux croix. ℟. LIMOVICAS. CIVIS.

62. — Orléans. GRATIA. D-I. REX. Eudes en monogramme. ℟. AVRELIANIS CIVITAS.

63. — Toulouse. ODO. REX. FRC. Croix ℟. TOLOSA CIVIS. Dans le champ, ODDO.

64. — Toulouse. Pièce semblable. Obole,

65. Tours. MISERICORDIA. D-I. Mon. d'Eudes. ℟. H TVRONES. CIVITAS.

66. Robert Ier, frère d'Eudes. Tours. MISERICORDIA., etc, Mon. de Robert. ℟. H. TVRONES CIVITAS.

67. Louis III. Melle. LVDOVVIC. En deux lignes. ℟. METALLVM. Légende circulaire. Obole.

68. Carloman. Limoges. CARLOMANVS. REX. Croix. ℟. LIMOVIX. CIVI. Mon. carl.

69. — Charles le Gros. Arles. CARLVS. IMPRAT. ℞. ARELA. CIVI. Mon. carl.

70. Charles le Gros. Strasbourg. CAROLVS. REX. Croix. ℞. ARGENTINA. CIVIT. en deux lignes.

71. Charles le Gros. Bruges. GRATA. DI. REX. Mon. de Ch. ℞. BRVCCIA. MO.

72. — Arras. GRATA. DI. REX. Mon. de Ch. ℞. ARRAS. CIVIS.

73. Charles III. Blainville. CARLVS. REX. Croix. ℞. BLEDONIS. Temple.

74. — Melle. CARLVS. REX. ℞. METALO. en deux lignes.

75. — — Même type. Obole.

76. — — CARΓAS en deux lignes. ℞. METVLLO. Croix. Obole très-rare.

77. Louis IV. Sens. LVDOVICVS. REX. Croix. ℞. SENONIS. VRBS. Sens.

78. Lothaire, roi. Bourges. LOTERIVS. REX. Croix. ℞. BITVRIGES. CIVIT. Mon. Carlo.

79. — Bourges. Pièce semblable. Obole.

80. — Châlons-s.-Saône. LOTARIVS. REX. Dans le champ, B. ℞. CAVILLON. CIVIT. Croix.

81. Louis V. Strasbourg. H. LVDOVVICVS. PIVS. Croix. ℞. ARGENTINA. CVNAS. en deux lignes.

82. Hugues Capet. Beauvais. Denier et obole. Fabrique très-barbare.

83. Henri Ier. Paris. HAINRICVS. REX. Dans le champ, A. Ω. ℞. PARISIVS. CI. Denier un peu échancré.

84. Robert le Pieux. Tours. MISERICORDIA. D-I. REX. Mon. de Robert. ℞. TVRONES. CIVITAS. Croix. Longperier. Cat. Rousseau, p. 204.

85. PHILIPPE Ier. Orléans. PHIPVS. REX. D-I. Portail. ℞. AVRELIANIS. CIVITAS. Croix.

86. — Orléans. Pièce semblable. Obole.

87. — Paris. PHILIPPSV. Dans le champ, REX. ℞. PARISIVS. CIVIT. Légende rétrograde.

88. — Senlis. PHILIPPVS. REX. Croix. ℟. SILNECTIS. CIVIS.

89. Louis VI. Orléans. LVDOVICVS., etc. Portail. ℟. AVRELIANIS. CIVIT. Croix.

90. — Etampes. LVDOVICVS. REX. Monogramme. ℟. CASTELLVM. STAMPIS. Croix.

91. — Étampes. Pièce semblable. Obole.

92. — Mantes. LVD., etc. ℟. CASTRVM. MANT. Deux croisettes et deux annelets.

93. — Nevers. LVDVCVS. Mon. ℟. NIVINIS. CIVI. Croix.

94. — Pontoise. LVDOVICVS. REX. A. Ω. ℟. PONTISICARSI. Croix.

95. Louis VII. Laon. LVDOVICVS REX. Tête de face couronnée. ℟. GALTERVS. EPC. Tête de face mitrée.

96. — Paris. LVDOVICVS. REX. Dans le champ, FRANCO. ℟. PARISIVS. CIVIS.

97. — Paris. Même pièce. FRANCO. Rétrograde.

98. — Paris. Même pièce. Obole.

99. — Senlis. LVDOVICVS. REX. Croix. ℟. SINE. LECTIS CIV. Monogramme.

100. — Angoulême. LODOICVS. Croix. ℟. EGOLISSIME. Croisette, trois points et un croissant.

101. — Comme duc d'Aquitaine. LODOICVS. REX. Croix. ℟. DVX. AQVITANIE. en quatre lignes.

102. — Comme duc d'Aquitaine. Même pièce. Obole.

103. — Philippe II, Auguste. Arras. PHILIP. REX. Dans le champ, FRANCO. ℟. ARRAS. CIVITAS. Croix.

104. — Montreuil. PHILIPVS. REX. Dans le champ, FRANCO. ℟. MONTVREL. Croix avec deux besants.

105. Péronne. PHILIPVS. REX. Dans le champ, FRANCO. ℟. PERONNE.

106. — Paris. PHILIPVS. REX. Dans le champ, FRANCO. ℟. PARISII. CIVIS.

107. Philippe II. Saint-Omer. PHILIPVS. REX. Dans le champ, FRANCO. ℟. SEINT HOMER. Croix.

108. — Saint Martin de Tours. ℟. SCS. MARTINVS. Châtel.

109. — Tours. ℟. TVRONVS. CIVIS.

110. — — Pièce semblable. Obole.

111. — Deols. PHILIPVS. REX. Croix. ℟. DEDOLIS. Étoile.

112. — et Roger, évêque de Laon. PHILIPVS. REX. Tête de face couronnée. ℟. ROGERVS EP. Tête mitrée de face.

113. Louis VIII. Paris. LVDOVICVS. REX. Dans le champ, FRANCO. ℟. PARISII.

114. — Tours. TVRONVS. CIVIS.

115. Louis XI. Gros tournois. Leblanc, 168, n. 6.

116. — Denier tournois. Leblanc, 168, n. 7.

117. — Obole.

118. Philippe III. Demi-masse. PHILIP., etc. Le roi assis, tenant une main de justice. ℟. XPE. VINCIT., etc. Croix feuillue, etc. Leblanc, p. 159, n. 2.

119. — Gros tournois. PHILIPVS., etc. Combrouse, p. 61, n. 112.

120. Philippe IV. Chaise d'or. PHILIPPVS., etc. Le roi assis sur une chaise gothique. ℟. XPE. VINCIT., etc. Croix feuillue, etc. Leblanc, p. 180, n. 12. AV.

121. — Masse. Leblanc, p. 180, n. 1. AV.

122. — Gros tournois. Leblanc, p. 180, n. 5.

122 bis. — Demi-gros tournois. Combrouse, p. 63, n. 175.

123. — PHILIPPVS. REX. Dans le champ, FRANCO. ℟. PARISIVS. CIVIS. Croix.

124. — PHILIPPVS. REX. Dans le champ, FRANCO. Pièce semblable.

125. — PHILIPPVS. REX. ℟. TVRONVS. CIVIS. Temple.

126. — — ℟. Pièce semblable. Obole.

127. — — ℟. MONETA. DUPLEX. Dans le champ, REGALIS.

128. — PHILIPPVS. REX. ℟. BVRGENSIS. Dans le champ, FORTIS.

129. — — ℟. BVRGENSIS. Dans le champ, NOVVS.

130. — — ℟. Même pièce. Obole.

131. — PHILIPPVS. REX. Dans le champ, une grande fleur de lis. ℟. TOLA. CIVI.

132. Louis X. Gros tournois. Étoile sous l'v de TVRONVS.

133. — Denier tournois.

134. Philippe, comte de Poitiers; plus tard, Philippe V. Denier tournois.

135. Philippe V le Long. PH. REX, sous l'aignel. Leblanc, p. 201, n. 1. AV.

136. — — Gros tournois, chatel surmonté d'une fleur de lis.

137. — — Denier tournois.

138. Charles le Mauvais, roi de Navarre; plus tard, Charles IV. KAROLVS. REX. Croix. ℟. NAVARRE. Chatel.

139. Charles IV le Bel. KOL. REX. FRACOR. Le roi debout sous un portail. ℟. XRE. VINCIT., etc. Croix feuillue, etc. AV.

140. — — Gros tournois, chatel surmonté d'une croix.

141. — — Demi-gros tournois. ℟. FRANCHORVM. Chatel.

142. — — Double parisis. KAROLVS. REX. Couronne. ℟. MONETA. DUPLEX. Croix fleurdelisée.

143. — — Même pièce. Obole.

144. — — Parisis. KAROLVS. REX. Dans le champ, FRANCORVM. ℟. PARISIVS. CIVIS. Croix.

145. Philippe VI. Leblanc, p. 206, n. 3. Écu d'or.

146. — — p. 206, n. 8. Ange d'or.

147. — — p. 206, n. 4. Lion or.

148. — — p. 206, n. 9. Chaise. AV.

149. — Gros tournois à la longue queue. Leblanc, 208, n. 2.

150. — Gros tournois à longue queue. Leblanc, 208, n. 3.

151. — Demi-tournois.

152. — Denier tournois. TVRONVS. CIVIS. Chatel.

153. — Obole tournois. FRANCHORVM. Chatel.

154. — PHILIPPVS. REX. FRANK. Couronne. ℟. MONETA. DVPLEX. Grande croix fleurdelisée.

155 — Denier parisis. Dans le champ, F. R. A. N. et deux fleurs de lis.

156. — Double parisis. FRANCHORVM. Fleur de lis dans le champ.

157. — Denier et obole. FRANCO. dans le champ.

158. Jean. IOHES. DEI. GRA., etc. Le roi debout sous un portail. Leblanc, p. 216, n. 4. Royal d'or.

159. — IOHANNES., etc. Le roi à cheval. Leblanc, p. 216, n. 6. Franc à cheval d'or.

160. FRANTIA. Fleur de lis occupant tout le champ. ℞. S. IOHAÑNES. B. Saint Jean-Baptiste debout. Florin d'or.

161. — Gros tournois. FRANC. dans le champ entre deux couronnes.

162. — Gros au chatel surmonté d'une couronne. Argent fin.

163. — Gros blanc. FRANCHORVM. REX. Dans le champ, une couronne.

164. — — FRANKORV. REX. en deux lignes sous une couronne.

165. — Gros tournois. Chatel surmonté d'une croix.

166. — — Une grande fleur de lis dans le champ. Leb., p. 217, n. 3.

167. — — FRANCORVM. Trois fleurs de lis sous une couronne.

168. — Gros tournois à la longue queue. ℞. TVRONVS. CIVIS. Chatel.

169. — Double parisis. Couronne. Chatel, etc. 12 pièces en billon.

170. Jean. Piéfort en billon d'un gros blanc. ℞ FRANC. dans le champ.

171. — Charles V. Fleur de lis. KAROLVS. Le roi debout sous un portail. Leblanc, p. 234, n. 3. Or.

172. — Florin. KROL. DPHS. V. Fleur de lis. Or.

173. — Gros blanc. Lebl., p. 234, n. 1.

174. — Gros blanc. Lebl., p. 234, n. 2.

175. — Gros blanc du Dauphiné. Lebl., p. 234, n. 2.

176. — Blanc du Dauphiné. KROL. entre une fleur de lis et un dauphin.

177. — ℟. DALPH. VIENESIS. Croix fleuronnée.

178. Charles VI. Ecu à la couronne. Lebl., p. 238, n. 1. Or.

179. — Demi-écu à la couronne. Or.

180. — Mouton. Lebl., p. 238, n. 1. Or.

181. — Gros tournois. GROSVS. TVRONVS. Lebl., p. 238, n. 2.

182. — Gros tournois et demi-gros tournois, double tournois et double parisis. Lebl., p. 238, n. 3. 7 pièces.

184. — Blanc du Dauphiné. KROLVS. FRANCORV. REX. Dauphin occupant tout le champ.

185. — Demi-blanc. Même type.

186. — Liard du Dauphiné.

187. — Double parisis. REX. sous une couronne. Fleur de lis occupant tout le champ. 3 pièces.

188. Henri V. Gros et demi-gros, quart de gros. VILLA. CALESIE. Calais. Double parisis. Léopard sous une fleur de lis. 5 pièces.

189. Henri VI. Salut. La Vierge et l'ange soutenant les écussons de France et d'Angleterre; en différent un léopard (Rouen). Or.

190. — Blanc. HENRICVS., etc. Trois fleurs de lis sous une couronne.

191. — Blanc. Trois fleurs de lis sous une couronne, accostées de deux léopards.

192. — Grands blancs. Lebl., p. 244, n. 1. A l'étoile, au léopard, à la fleur de lis, à la couronne, au croissant : Troyes, Rouen, Saint-Lot, Paris. 6 pièces.

193. — Denier tournois. Léopard et fleur de lis. Double parisis. Dans le champ, HERI. 3 pièces.

194. — Gros tournois et quart de gros tournois frappés à Calais. 2 pièces.

195. Charles VII. Demi-écu d'or. Leblanc, p. 246, n. 1.

196. — Gros d'argent. Trois fleurs de lis sous une couronne. — Trois fleurs de lis dans le champ. ℟. Croix fleurdelisée. ℟. Croix avec une fleur de lis dans chaque canton. Lebl., p. 248, n. 2. 5 pièces.

197. — Gros d'argent. Trois fleurs de lis. ℟. FRAC. dans les cantons de la croix. Trois fleurs de lis sous une couronne. 2 pièces.

198. — Grands blancs. Trois fleurs de lis dans un cercle à ogives, Trois fleurs de lis sous une couronne. — Ecusson de France. — K accosté de deux fleurs de lis sous une couronne. 4 pièces. Lebl., p. 248.

199. — Demi-blanc. Denier parisis. Double tournois.

200. -- Louis XI. Ecu d'or au soleil. Pièce rare frappée à Perpignan.

201. Ecu d'or du Dauphiné, les armes mi-parties France et Dauphiné.

202. -- Gros d'argent. Trois fleurs de lis sous une couronne.

203. — Blanc au soleil. Trois fleurs de lis dans un cercle à ogives.

204. — Blanc du Dauphiné. Écusson mi-parti France et Dauphiné. Denier tournois. Deux fleurs de lis dans le champ. 3 pièces.

205. Charles VIII. Royal d'or. Le roi, vêtu d'un long manteau, tient son sceptre éloigné de sa poitrine. (Cette attribution est de M. de Longpérier.)

206. — Écu d'or au soleil. L'écusson de France est accosté de deux hermines couronnées.

207. — Demi-karolus. Grand K couronné accosté d'une fleur de lis et d'un dauphin. Blanc au soleil. Trois fleurs de lis dans un cercle à ogives. 6 pièces.

208. — Grand blanc. Trois fleurs de lis sous une couronne. Écusson de France dans un cercle à ogives. 4 pièces.

209. — Grand blanc du Dauphiné. Écusson mi-parti France

et Dauphiné. Liard. Dauphin dans le champ. Denier tournois. Grande fleur de lis dans le champ. 4 pièces.

210. — Gros de Pise. CAROLVS REX PISANORVM. LIB. Dans le champ, l'écusson de France accosté de KL. ℟. PROTEGE. VIRGO. PISA. La sainte Vierge assise tenant l'enfant Jésus.

211. — Genes. K. REX. F. D. IANVE. Écusson aux armes de France et de Gênes ; dessous, B. ℟. CONRADVS, etc. Croix.

212. — Aquilée. CAROLVS REX. FR. Écusson de France. ℟. AQUILIANA. Aigle sur une croix.

213. — Chieti. CAROLVS REX. FR. Écusson de France. ℟. TEATINA CIVITAS. Croix.

214. — Salmone. CAROLVS. D. G. R. FR. SI. Trois fleurs de lis surmontées d'une couronne ; dessous, S. M. P. E. ℟. La croix de Sicile.

215. Louis XII. Écu de Bretagne. LVDOVICVS. D. G. FRANCORVM. REX. BRITONV. DVX. Écusson accosté de deux hermines couronnées ; dessous, un porc-épic. ℟. Croix cantonnée de quatre hermines couronnées. Or.

216. — Écu de Dauphiné. LVDOVICVS, etc. Écusson écartelé miparti France et Dauphiné. ℟. Croix fleurdelisée. Leb., p. 258, n. 3. Or.

217. — Grand blanc. LVDOVICVS, etc. Dans le champ, un grand L traversé par une couronne. Accosté de XII. Leb., p. 258, n. 5.

218. — Grand blanc. Écusson accosté de deux fleurs de lis couronnées.

219. — Grand blanc. Écusson accosté de deux hermines ; dessous, porc épic.

220. — Blanc de Provence. Écusson accosté de deux L. ℟. Croix de Provence accostée de quatre petites croix.

221. — Grand blanc du Dauphiné. Écusson écartelé de France et Dauphiné. ℟. Croix cantonnée de deux fleurs de lis et de deux Dauphins.

222. — Denier tournois. Deux fleurs de lis dans un cercle à ogives.

223. — Teston. LVDOVICVS. D. G. FRANCORVM. REX. Buste du roi couronné à dr. ℟. MEDIOLANI. DVX. Saint Ambroise à cheval; dessous, écusson de France.

224. — Gros. LVDOVICVS, etc. Écusson de France accosté de deux lis. ℟. MEDIOLANI. DVX. Saint Ambroise de face, assis.

225. — Demi-gros. Pièce semblable à la précédente.

226. — Bissonne. Guivre accostée de deux lis. ℟. MEDIOLANI. DVX., etc. Pallium.

227. — Écusson de France accosté de deux guivres couronnées. ℟. MEDIOLANI, etc. Pallium.

228. — DEMI LVD., etc. Écusson de France. ℟. MEDIOLANI DVX. ET. G. Croix fleuronnée.

229. — Parpaillole. Grand L traversé par une couronne. ℟. MEDIOLANI DVX. Buste de face de saint Ambroise.

230. — Denier tournois. LVD., etc. Dans le champ, trois fleurs de lis. ℟. MEDIOLANI. DVX. Croix fleuronnée.

231 — Naples. POPVLI. COMMODITAS. Écusson de France. ℟. LVDO. FRAN. REGNI. QVE. NEAP. Croix fleurdelisée.

232. — Teston à effigie. Buste du roi couronné. ℟. Écusson de France. Pièce fourrée du temps.

233. — Teston pour Milan. Pièce en plomb du temps.

234. François Ier. Écu d'or au soleil. Écusson de France accosté de deux lis. ℟. Croix cantonnée de deux F et de deux couronnes.

235. — 1/2 écu d'or au soleil. ℟. Croix fleurdelisée accostée de deux F et de deux fleurs de lys.

236 — Écu d'or du Dauphiné. Écusson écartelé de France et Dauphiné. ℟. XRS., etc. Croix fleurdelisée.

337. — Écu d'or de Bretagne. FRANCISCVS. D. G. FRANCOR. REX. BRITANNIE. DVX. Écusson de France accosté d'un F couronné et d'une hermine couronnée. ℟. Croix fleurdelisée, cantonnée de deux F et de deux hermines.

238. — Teston et demi-teston. Buste imberbe couronné. ℟. Écusson dans un cercle à ogives.

239. — Teston et demi-teston. Buste imberbe couronné. ℟. Écusson accosté de deux F. couronnés.

240. — Buste barbu couronné. ℟. Écusson dans un cercle à ogives.

241. — Buste barbu couronné. ℟. Écusson accosté de deux F.

242. — Buste avec la couronne de fer. ℟. Écusson dans un cercle à ogives.

243. — Buste avec le béret. ℟. Écusson accosté de deux hermines couronnées, dans un cercle à ogives.

244. — Teston du Dauphiné. Buste imberbe. ℟. Écusson écartelé de France et Dauphiné.

245. — Liards. Au grand F couronné. — Liard de Provence. — Liard du Dauphiné. — Liard de Milan.

246. — Grand blanc. Grand F accosté de deux lis. ℟. Croix cantonnée de quatre lis.

247. — Écusson accosté de deux salamandres. ℟. Croix cantonnée de deux salamandres et de deux couronnes.

248. — Grand blanc à la croisette. Ecusson dans un cercle à ogives.

249. — Grand blanc pour le Dauphiné. Grand blanc pour la Bretagne. 3 p.

250. — Grand blanc pour Gênes. FRANCISC., etc. Porte de la ville. ℟. CONRAD. REX. ROMANORVM. Croix.

251. Henri II. Henri d'or. Buste cuirassé. ℟. DVM. TOTVM, etc. Croix formée par quatre H, cantonnée de deux croissants et deux fleurs de lis.

252. — 1/2 henri d'or. Pièce semblable.

253. — Buste lauré. Teston à virole, 1553, 1554.

254. — Teston, buste couronné.

255. — Teston, buste lauré.

256. — 1/2 teston, buste lauré.

257. — Gros de Nesle. ℟. Grand H couronné entouré de trois fleurs de lis.

258. — 1/2 gros de Nesle. Leb., p. 262, n. 1.

259. — Douzains. Paris, Rouen, Saint-Lô, Lyon, Poitiers, Bayonne, etc.

260. — Dijon, Saint-André, Troyes, Bourges, etc.

261. — Avec les lettres B. C. D. O. Q. Y. Douzains avec les armes du Dauphiné.

262. — Billon avec F initiale de François Ier.

263. François II et Marie Stuart. 1/2 écu d'or. MARIA. D. G. R. SCOTORVM. Lion dans un écusson accosté des lettres I. G. ℟. DILIGITE. IVSTITIAM. 1553. Monogramme couronné de François II et Marie, accosté de deux roses.

264. — Teston. Leb., p. 268, n. 2.

265. — 1/2 teston semblable à la précédente.

266. — Billon. IAM. NON. SVNT. DVO. SED. VNA. CARO.

267. — Billon. VICIT. VERITAS.

268. Marie Stuart seule, avec sa tête. Teston, 1561. ℟. Écusson mi-partie France et Écosse.

269. François II seul. Jeton pour son sacre, avec la tête grand et petit module (frappé à la Monnaie).

270. Charles IX. Deux demi-écus d'or au soleil. 1560, 1565.

271. — Testons, 1/2 teston, avec les lettres B. M. R., etc. Rouen, Toulouse, etc.

272. — Teston avec la tête à dr., frappé à Compiègne.

273. — Douzains, double sol Parisis, sol Parisis, etc.

274. Henri III. Écu d'or au soleil, frappé à Rouen.

275. — Franc, frappé à Toulouse, 1586.

276. — 1/2 franc, frappé à Saint-Lô, 1587.

277. — 1/4 d'écus, frappés à Saint-Lô, à Sainte-Menehould, etc.

278. — Douzains, blancs, six blancs.

279. — Petit blanc du Dauphiné. HENRICVS, etc. Écusson

vale surmonté d'une couronne. ℞, SIT. NOM., etc. Dauphin dans le champ.

280 — Essai du denier tournois en argent, 1558.

81. — Double tournois et denier tournois de différentes années.

282. — Piéfort en cuivre du double tournois.

283. Charles X. Écu d'or au soleil, de 1591, frappé à Paris.

284. — 1/4 d'écu et 1/2 écu.

285. — Douzains. 9 pièces frappées dans différentes villes.

286. — Double tournois, denier tournois, 1594, 1595.

287. Henri IV. Écu d'or au soleil. Écusson de France surmonté d'une couronne. 1594.

288. — 1/2 francs, frappés à Paris, Rouen, Amiens, etc.

289. — 1/4 de francs, etc.

290. — 1/4 d'écus pour la France, le Dauphiné, la Navarre.

291. — 1/8 d'écus. douzains, pour la France, le Dauphiné, la Navarre.

292. — Essai en argent du double tournois, 1603.

293. — Double tournois pour la France et le Dauphiné.

294. — Piéforts du double tournois et du denier tournois.

295. Louis XIII. Écu d'or au soleil. 1634, 1641, 1643.

296. — 1/2 écu d'or au soleil. 1642, 1645.

297. — Double louis. Louis. 1640, 1641.

298. — 1/4 d'écus, 1/8 d'écus. Leb., p. 296.

299. — 1/2 franc au col rabattu, frappé à Toulouse.

300. Louis XIII. Écu, demi-écu, quart d'écu, huitième d'écu; 1642-1643.

301. — Demi-écu, quart d'écu; 1642-1643. 9 pièces.

302. — Double tournois en argent; 1620. (Essai.)

303. — Double tournois, denier tournois, un de Lorraine. 12 pièces.

304. — Demi-écu pour la Catalogne. V R. ℞. BARCINONA. CIVITAS.

305 — Jeton, buste lauré à g. ℞. Écusson avec les armes de

France et de Navarre. AR. Et un jeton en cuivre avec les armes du Dauphiné.

306. Louis XIV. Écu d'or; 1647. Bessy-Journet, pl. 1, n. 1.

307. – Louis, tête enfantine, aux cheveux courts; 1644. Bes.-Jour, p. 1, n. 4.

308. — Demi-louis. Comme la précédente. Bes.-Jour., l. 1, n. 5.

309. — Louis, tête enfantine aux cheveux longs. Bes. Jour., pl. 1, n. 7.

310. Demi-louis. Comme la précédente. Bes.-Jour., pl. 1, n. 8.

311. — Lis d'or; 1656. Bes.-Jour., pl. 1, n. 9.

312. — Quart d'écu. Écusson de France. Bes.-Journ, pl. 3, n. 39.

313. Quart d'écu. Écusson mi-partie France et Navarre. Bes.-Jour., pl. 3, n. 41.

314. — Buste enfantin poupard aux cheveux courts. Écu, demi, quart, douzième. Bes.-Jour., pl. 3, n. 43, 44, 45, 46.

315. — Buste enfantin poupard aux cheveux longs. Écu, demi, quart, douzième. Bes.-Jour., pl. 3, n. 50, 51, 52, 53.

316. — Une autre série semblable,

317. — Croix de Malte. Billon rare Bes.-Jour., pl. 4, n. 58.

318. — Tête juvénile. Ecu, demi, quart. Bes.-Jour., pl. 4, n. 62, 63, 64.

319. — Buste inlauré et costumé. Écu, demi. Bes.-Jour., pl. 4, n. 66, 67.

320. — Quatre sols, deux sols, et croix formant un losange quatre sols. Bes.-Jour., pl. 4, n. 72, 74, 75.

321. — Buste inlauré. ℞. 8 L. en croix. Écu, demi, quart, huitième. Bes.-Jour., pl. 5, n. 76, 77, 78, 79.

322. — Buste inlauré. Écusson aux deux palmes. Demi-écu, quart. Bes.-Jour., pl. 5, n. 82, 83.

323. — Buste vieux inlauré. ℟. Écusson brisé par les sceptres et mains de justice. Quart d'écu et douzième. Bes.-Jour., pl. 5, n. 87, 88,

324. — Écu aux trois couronnes. Bes.-Jour., pl. 6, n. 94.

325. — Béarn et Navarre, buste juvénile. Écu, demi-écu. Bes. Jour., pl. 6, n. 103, 104.

326. — Navarre seul, buste poupard. Ecu. Bes.-Jour., pl. 6, n. 107.

327. — Écusson de Bourgogne et Flandre. Écu, quart, huitième, seizième. Bes.-Jour., pl. 7, 111, 113, 114, 115.

328. — Carambole, écusson rond avec palme, écartelé France, Bourgogne et Navarre. Écu, demi, quart. Bes.-Jour., pl. 7, n. 121, 122, 123.

329 — Buste senior inlauré. Ecusson de France, écu. Bes.-Jour., pl. 9, n. 163.

330. — Sceptre et main de justice. Vingt-sept sols, dix sols, cinq sols. Bes.-Jour., pl. 10, n. 162, 163, 164.

331. — Monnaies de Strasbourg. Trente sols, dix sols, deux sols, un sol. Bes.-Jour., pl. 11, n. 178, 180, 182, 183.

332. — Ecu de trente-quatre sols six deniers pour Strasbourg. Bes.-Jour. pl. 11, n. 184.

333. — Ecu de trente sols pour Strasbourg. Bes.-Jour., pl. 11, n. 189.

334. — Douzième d'écu pour Strasbourg; 1710. Bes.-Journ., pl. 11, n. 192.

335. — Modène. Très-rare billon. Bes.-Jour., pl. 13, n. 212.

336. — Douzain. Pl. 13, n. 219. Bes.-Journ.

337. — Trente deniers, quinze deniers. Bes.-Jour., pl. 13, n. 221, 222.

338. — Catalogne. Denier, demi-denier, liard, double tournois, liard de France, deux deniers de Strasbourg, six

deniers ou dardennes. Bes.-Jour., pl. 14, n. 229-230, 232, 238, 239, 241, 242, 244.

339. Louis XV. Louis simple. Mirliton, deux L enlacés entre deux palmes; 1714.

340. — Demi-louis de Malte. Croix de Malte avec trois lis en cœur,

341 — Buste jeune. ℟. Ecusson royal rond. Série de l'écu. demi, un quart, un dixième, un vingtième. 5 pièces.

342 — Buste au bandeau. ℟. Ecusson royal rond avec branche de laurier. Ecu, demi, un cinquième, un dixième, un vingtième. 5 ps.

343. — Buste poupard. ℟. Ecusson rond surmonté de la couronne de France. Ecu, demi, un quart, un cinquième 9 ps.

344. — Buste lauré et drapé à droite. ℟. 4 lis cernés par huit L et quatre couronnes en croix. Ecu, demi, un huitième. 4 ps.

345. — Buste lauré à droite. ℟. Ecusson royal carré. Ecu, un tiers, un sixième, un douzième. 5 ps.

346. — Buste lauré à g. ℟. Ecusson rond entre deux palmes. Ecu, un quart, un huitième, un dixième. 5 ps.

347. — Buste jeune lauré à droite. ℟. Ecusson royal de France et Navarre. Ecu, un cinquième, un dixième. 5 ps.

348. — Buste lauré à droite. ℟. Huit L adossés avec quatre lis; le tout en croix. 2 ps.

349. — Buste à droite. ℟. Deux L adossés sous une couronne. Un huitième d'écu. ℟. Isles du Vent; 1731. 2 ps.

350. — Blanc, demi-blanc, sol, demi-sol, liard, diverses pièces. 16 ps.

351. Louis XVI. Louis à palme. ℟. Ecusson carré avec sceptre et main de justice, en outre deux palmes; 1774.

352. — Buste habillé. ℟. Ecusson rond avec palme. Ecu, demi. 3 ps.

353. — 30 sols, 15 sols; 1791. 2 ps.

354. — Sol, demi, un quart; 1791. 2 sols au faisceau républicain, 12 deniers. 7 pièces.

355. — Ecu constitutionnel avec le génie de la Liberté. Ecu, demi, 30 sols, 15 sols; 1792. 4 ps.

356. République. Pièce de Brezin en cuivre; 1792, l'an Ier de la République française.

357. — 1 centime de Brezin frappé par le moyen de la virole. Triangle républicain. Argent.

358. — La même pièce en bronze.

359. — *Pièce d'essai*. Bonnet de la Liberté sur une pique. Pièce d'essai au Génie. Monneron à l'Hercule. Petit moneron à l'Hercule. ℞. Pyramide. 4 ps. en bronze.

360. — *Pièce frappée. Brezin*. ℞. La Liberté assise. *Libre, j'offre la paix*. Argent.

361. — La même pièce, en bronze.

362. — *La nation, la loi, le roi*. ℞. Ecusson royal et républicain; 1791. *Dizain, métal de cloche*. Deux modules. Un Brézin. ℞. Faisceau républicain dans une couronne. 4 ps.

363. — 8 monnerons et pièces d'essais en bronze. (Variés.)

364. — Concours de Louis XVI. Essais d'écus à différentes époques, en étain.

365. — 5 décimes, l'an II. Fontaine, etc. Dixième d'argent fin. 18 deniers. 2 ps.

366. — Lefèvre, Lesage et Ce. 10 sols, 5 sols. Crussol, Potter, etc., 10 sols, 5 sols. 5 pièces. Argent.

367. — *République française*. Massue et faisceau entouré d'un serpent. ℞. Dans le champ, 10 *centimes, l'an* III. Une pièce en cuivre rouge et une en cuivre jaune.

368. — Louis constitutionnel. Le génie de la Liberté; 1793.

369. — Ecu constitutionnel ; 1793. Génie de la Liberté et un sans date. 2 ps.

370. — *République française.* 5 *francs,* l'an IV. Ecu constitutionnel. Tête de Louis XVI ; 1793. 30 sols ; 1793. 3 ps.

371. — 2 sols à la balance, sol à la balance, demi-sol à la balance. 4 ps.

— — Même lot. 4 ps.

372. — Sol à la balance ; 1793. Cuivre jaune. Sol à la balance en fer. 2 ps.

373. — 2 décimes, décime, 5 centimes, 2 sols, 12 deniers. 6 ps

374. — Liberté, égalité. Trophée républicain ailé. ℟. Paix et force. Essai argent.

375. — Même pièce en cuivre. 2 décimes, 5 centimes, l'an V. 4 ps.

376. — Union et force. ℟. 5 francs, l'an V, l'an 6. 2 ps.

377. — 1 centime, l'an VI ; 1 centime pièce d'essai ; 1 décime, l'an VII ; 5 centimes, l'an VII. 5 ps.

378. — Tête de la République. ℟. 5 décimes, l'an VIII, 2 décimes, l'an VIII. 3 ps.

379. — 1 décime, l'an VIII ; l'an IX, 5 centimes, l'an VIII, l'an IX. Balancier perfectionné par Léonard Tournu ; 1797. 5 ps.

380. — 5 décimes, l'an II. Le Tiers-Etat. Buste de Louis XVI. 10 pièces en étain. Essais.

381. République de Bologne. Ecu. République cisalpine. ℟. SCVDO. DI. LIRE. SEI. République cisalpine. 30 *soldi.* ℟. *Pace celebrata,* etc. 3 ps.

382. République génévoise. Ecu. ℟. Prix du travail ; 1794. République ligurienne. La Liberté et l'Égalité debout. 4 livres (Millingen, pl. 20). 2 ps.

383. — République napolitaine. *Carlini Dodici. Carlini sei. Tornesi sei. Tornesi quatro.* 2 pièces en argent, 2 en cuivre.

384. République piémontaise. *Mezzo scudo, quarto di scudo, soldi due.* 2 pièces en argent et 2 en cuivre.

385. République romaine. *Scudo romano. Due baiocci* dans un triangle. Deux faisceaux au milieu, bonnet de la Liberté sur une pique. *Due baiocci* dans une couronne. 1 pièce en argent, 1 en étain et 2 en cuivre.

386. Gaule subalpine. 5 *francs, l'an* x. Bonaparte, premier consul ; 5 *francs, l'an* XI. Procédé de Gengembre, l'an x. 2 pièces en argent, une en cuivre.

387. République italienne. Balance. *Soldo denari*, 10; *demi-soldo denari*, 5; 1/100e DENARI, 2; 2 épis *denari*, 2; *denaro*. 6 ps.

388. Bonaparte, premier consul. 5 *francs, an* XII. Paris, Gênes. Quart. 3 ps.

389. Empire. Napoléon, empereur. 5 *francs*, *an* XII ; 2 *francs, an* XIII. Gênes. 2 ps.

390. — Napoléon, empereur. An XIII, 5 francs, 2 francs, 1 franc, quart. 6 ps.

391. — Napoléon, empereur. 10 centimes à l'aigle.

392. — Napoléon, empereur. 10 centimes à l'H.

393. — Napoléon, empereur. 5 francs ; 1807. Paris, Rouen. 2 francs, 1 franc, demi-franc, un quart. 6 ps.

394. — Napoleone, imperatore e re ; 1808. 5 lire, una lira, 15 soldi, soldo, 3 centesimi, centesimo. 3 pièces en argent, 5 en cuivre.

395. — 5 centimes au grand N, 1 décime, Strasbourg. 1 décime, Anvers. 3 ps. en bronze, 3 en étain.

396. — Concours de la pièce de 5 francs, an XI. Surmoulé. 15 ps.

397. *Famille de Napoléon*. Joseph-Napoléon. Pièce de 80 réaux, de 1812. Or.

398. — Joseph-Napoléon, roi de Naples. 120 grani ; 1807-1808.

399. — Louis-Napoléon. Hollande. Ducat ; 1809.

400. — Louis-Napoléon. Hollande. 50 stuivers ; 1807-1808. Argent. 2 ps.

401. — Louis-Napoléon. Hollande. 2 demi-goulden; 1808. 1 goulden; 1809. 10 stuivers; 1809. 3 ps.

402. — Joseph-Napoléon, roi d'Espagne. 20 réaux, 10, 4, 2. 1 réal, 8 maravédis. 5 pièces argent, une en bronze.

403. — Jérôme Napoléon. 10 *st. eine mark;* 1811. X *eine-feine mark;* 1812. XXIIII marien grosch; 1810. VI *einen thaler;* 1809. 12 *einen thaler*; 1809. 1 marien gros; 1808. 6 ps. argent.

404. — Jérôme-Napoléon. Westphalie. Deux tiers; 1810. 5 *cent.*, 3 *cent.*, 2 *cent.*, 1 *cent.*, 1 *pfenning*. 2 pièces argent et 5 en cuivre.

405. — Jérôme-Napoléon. Westphalie. 10 *frank*, 5 *frank*; 1810. 2 pièces d'or.

406. — Jérôme-Napoléon, roi de Westphalie. 5 *frank*, 2 *frank*, *demi-frank*; 1810. 20 *cent.*; 1812. 10 *cent.*; 1810. 5 ps. argent et billon.

407. — Joachim Murat, grand-duc de Berghes et de Clèves. XVI *eine feine mark*; 1806. *Cassa thaler;* 1807. III *stuber;* 1806. 3 ps. argent.

408. — Joachim Murat, roi de Naples. *Carlini dodici;* 1809-1810. Argent, 2 ps.

409. — Joachim Murat, roi de Naples. *Grana*, 3; *grana*, 2; 1810. 3 ps.

410. — Joachim Murat, roi de Naples. 5 *lire*, 2 *lire*, 1 *lira*, *mez lira;* 1812-1813. 4 ps. argent.

411. — Alexandre, prince de Neufchâtel (Berthier). 2 *francs;* 1814. (Essai.)

412. — Alexandre, prince de Neufchâtel (Berthier). 1 bath; 1806-1807. Demi-bath; 1807. Billon. 3 ps.

413. — Felix et Elisa. Lucques et Piombino. 5 *franchi;* 1805. 5 centesimi; 1806. 3 centesimi; 1806. 1 pièce argent. 2 pièces en bronze.

414. — Charles-Louis et Marie-Louise d'Etrurie. 5 francs. 1 pièce en argent.

415. — Marie-Louise. Parme et Plaisance. 5 lire, 2 lire, 1 lira nuova, 10 soldi, 5 soldi. 5 pièces argent; 1815. 3 *centesimi*, 1 *centesimo*. 2 pièces en cuivre.

416. Louis XVIII. 5 francs; 1814. 1 décime; 1814. Strasbourg. 1 décime, Strasbourg; 1815. 10 centimes, Anvers; 1814.

417. — 1 sou; 1817. Ange de paix. Essai; 1814.

418. — Charles X. 10 francs. Essai en plomb. 5 cent.; 1830. Colonies françaises; 1825-1829-1830. 6 ps.

419. Louis-Philippe. 5 francs; 1830. Louis-Philippe. 5 francs, aux drapeaux. Plomb.

420. — Essai aux tables de la loi. 1 décime, 5 centimes, 2 centimes, 1 centime.

421. — Essai au coq. 10 centimes, 5 centimes, 3 centimes, 2 centimes, 1 centime. 5 ps.

422. — Décime, un décime, 1 décime, 5 centimes. Refonte des monnaies; 1846. 8 ps

423. — Refonte des monnaies; 1847. 2 centimes à la couronne; 1847. Erection des tables; 1839; 9 ps.

424. — Mechanische werkstatte. Essai de Unthorn. 1 pièce argent et 1 en bronze.

425. — Colonies françaises. 10 centimes, 5 centimes; 1839. 10 ps.

426. — Presse monétaire du Chili; 1851. Essai de bronze; 1851. 5 centimes, Dijon. Empire français, 2 centimes. Empire français, 10 centimes. 6 ps.

427. République française. 10 centimes; 1852. Très-rare.

428. Boyer. 100 centimes, 50 centimes. 3 ps. en argent.

429. République d'Haïti; 1808. 30 sols, 15 sols, 7 1/2 sols. 3 ps.

430. — 6 centimes; 1846. 2 centimes; 1846. 1 centime; 1846.

Monnaies seigneuriales.

431. Abbaye de Saint-Martin de Tours. TVRONIS. CIVIS. Croix,

℟. Temple carlovingien. Grand denier d'argent. Deuxième période. Chatel. 2 ps.

432. Vendôme. VINDOCINO. CASTRO. Denier et obole. 2 ps.

433. Chateaudun. DVNIS. CASTRI. 4 deniers.

434. Navarre. Charles-le-Mauvais. *Karolus rex*. ℟. *De Navarra*. Chatel, denier.

435. Bretagne. Conan Ier. *Conanus dux*. ℟. *Redonis*. Denier.

436. Bretagne. Conan III. *Conanus*. Dans le champ. *Ius* ℟. *Redonis croix*. 2 deniers.

437. Bretagne. Geoffroi II. *Gaufridus*. Croix. ℟. *Dux britani*. Fleur à trois pétales. 2 ps.

438. Bretagne. *Stephanus comes*. Croix. ℟. *Guimgamp*. 3 deniers.

439. Bretagne. Anonyme de Rennes. — *Redonis civis*. Anonyme de Nantes. *Nantis civi*. 6 deniers.

440. Bretagne. Jean Ier. *Dux britannic*. Écusson. ℟. *Castri Gigampi*. Croix. 3 deniers.

441. Bretagne. Jean III. 3 deniers. Jean de Montfort 3 doubles deniers. 6 ps.

442. Bretagne. François II. Cavalier. 1 pièce d'or et un gros d'argent.

443. Maine-Herbert II, comte du Mans. Foulcques V. — Charles Ier, comte d'Anjou. 4 ps.

444. Poitou. Charles Ier, duc d'Aquitaine. *Pictaviensis* en trois lignes. 6 deniers.

445. Châteauroux. *Odo dux*. Croix. ℟. *Doleo civi*. — Raoul *Radulfus*. ℟. Dedolis. 3 ps.

446. Nevers. *Guido-comes*. *Erveus comes*. 3 ps.

447. Saint-Maiole. Souvigny. Brioude. *Brivites*. Alphonse, comte de Riom. *Anfour comes*. Evêque de Clermont. *Urbs arverna*. 5 ps.

448. Raimond, comte de Turenne. Deniers et obole. 6 ps.

449. Saint-Martial, de Limoges. (Duby, pl. II, n. 2). 4 ps.

450. Aquitaine. Guillaume. *Burdigala.* Eleonard. DVCISIT. 18 deniers, en grande partie variés de légendes.

451. — Edouard. Prince noir. 2 gros, hardi. Charles de France, hardi. 5 ps.

452. — Edouard IV. Noble à la rose avec le titre DVX. AQVT. 1 pièce d'or.

453. — Henri VI. Blanc à la croix longue entre une fleur de lys et un léopard, denier de billon. Léopard, audessus une fleur de lys. 4 ps.

454. Bearn. Antoine et Jeanne. Gaston. Henri. Blanc de Billon. 5 ps.

455. Navarre. Alphonse d'Aragon. ℟. *Comes barcona rocil* (Roussillon). Henri II. Un quart écu. Demi-écu. Philippe, comte de Roussillon. 4 ps.

456. Toulouse. Raimond V. Raimond VI. Alphonse. 5 deniers.

457. Melguil. Denier et obole. 6 ps.

458. Albi. Raimond. Pons. Hugues IV, comte de Rodez. Denier et obole. 4 ps.

459. Cahors. Guillaume de Cardilhac. Denier et obole. Cahors. Monnaies de la ville. Deniers. 7 ps.

460. Anduse. Bernard. Denier.-- Vienne. *S. Mauricius.* 2 deniers. 1 double denier. 4 ps.

461. Lyon. *Prima sedes.* ℟. *Galliarum.* 4 deniers. S. MAVRICIVS. ℟. GALLIARVM. Double denier. 5 ps.

462. Provence. Alphonse d'Aragon. Deniers et obole. — Charles Ier d'Anjou. *Puincialis.* Denier. 5 ps.

463. — Charles II d'Anjou. Salut d'argent. Carlin d'argent. Robert, carlin d'argent. 4 lys sous un lambel. Liard de billon. 3 ps.

464. Valence. Anonyme. 2 deniers. Vienne. Humbert, dauphin. Florin d'or. 3 ps.

465. Vienne. Charles V, dauphin. KROL. entre une fleur de

lys et un dauphin. ℟. DALPH. VIENESIS. Longue croix fleuronnée.

466. Saint-Paul Trois-Châteaux. Evéché. Florin d'or.

467. Avignon. Paul V. Cardinal Borghèse. Teston.

468. — Urbain VIII. Cardinal Barberin. Teston.

469. — Grégoire XIII. Charles, cardinal de Bourbon. Blanc.

470. Evêque du Puy. *Beate Marie*. Croix. ℟. *Podiensis*. Rosace à six branches. Denier et une obole sans légende.

471. Orange. Raimond Ier. Florin d'or.

472. — Raimond IV. Franc à pied. Or.

473. — Maurice, 1621. Teston d'argent.

474. — Guillaume Henri, 1660. Philippe de Nassau, 1665. Cinquième d'écu en argent. 2 ps.

475. Dombes. Henri, 1605, 1607. Teston d'argent. Deux variétés.

476. Dombes. Henri. Marie. Trois liards et un denier tournois, 1724.

477. Duché de Bourgogne Hugues IV. Dijon. Auxonne. Deux deniers de billon.

478. — Philippe-le-Hardi. Jean-sans-Peur. Gros de billon. 2 ps.

479. Besançon. *Porta nigra*. Portes de la ville. ℟. *Protomartir*. Main bénissante. Denier un peu ébréché.

480. — Charles, V. L'empereur debout. Demi-ducat d'or.

481 — — Son buste, 1641. Demi-écu.

482 — — L'empereur debout, 1666. Ecu. 1664. Un huitième d'écu. 2 ps.

483. Auxerre. *Autissioderci*. Croix. Denier anonyme d'argent fin.

484. Sens. *Senones*. ℟. Croix sans légende. Deux deniers.

485. Evéché de Meaux. Etienne de la Chapelle. 3 deniers

486. Comté de Champagne. Henri II. 3 deniers frappés à Troyes.

487. — Henri Ier. 4 deniers frappés à Provins.

488. — Thibaut III. 4 deniers frappés à Provins.

489. Archevêché de Meaux. Guillaume aux blanches mains. 3 deniers.

490. — Aubry de Hautvillier. 1 denier.

491. Porcien. Gaucher de Chatillon. Esterling d'argent.

492. Duché de Bouillon. Henri-de-la-Tour. Grand écu d'argent frappé en 1613.

493. Duché de Lorraine. Ferry III. Thibault II. Jean Ier. Charles II. Sierk. 9 ps.

494. — René II. Charles II, le grand-duc. Charles IV. Léopold. 9 pièces d'argent. Henriette de Lorraine. Double tournois.

495. Evéché de Metz. Bertrand. Thierry, etc 13 ps. argent.

496. — Thierry de Boppard. Gros. Raoul de Coucy. Marsal. Bugne. 2 ps.

497. Mety cité. *S. Stepha. Proto.* Gros et demi gros. 5 ps.

498. Strasbourg ville. Ecusson surmonté d'un lys, supporté par deux lions. ℟. Fleur de lys. Grand écu, demi, quart. XII asses. 4 pièces.

499. Neufchâtel. Henri II, duc de Longueville. 1 billon.

500. Comté de Dreux-Robert. *Druca casta.* Croix. Denier.

501. Comté de Vermandois. Eléonore. Saint-Quentin. 2 deniers.

502. Comté de Boulogne. Renaud de Dammartin. *Bolunene.* Croix cantonnée de deux croissants. 2 deniers.

503. Calais. Henri IV. Buste couronné de face. ℟. *Villa calisie.* Gros d'argent.

504. Artois. Philippe II, roi d'Espagne, avec le titre c. art. au bas du buste couronné à dr. Un rat. Liard de cuivre.

505. Cambray. Pierre d'André, archevêque. *Petrus episcopus.* Buste de face avec la mitre. Esterling d'argent.

506. — Ecu rare de Louis de Berbaimont, archevêque de Cambray.

507. Valenciennes. Jean II, comte de Namur. Cavalier. ℞. *Moneta valecenensis*. Croix. Demi gros d'argent.

508. — Guillaume Ier, comte de Hainaut. Gros de billon frappé à Valenciennes. 2 ps.

509. Flandres. Louis de Male. LVD. CO. Mouton d'or.

510. — — Ecu d'or.

511. — — Lion heaumé. Lion passant. 3 pièces de billon.

512. — Philippe-le-Bon. Lion debout portant un écusson. Double gros au lion. 3 ps.

513. — — Ecusson à cinq quarts remplissant le champ. ℞. Grande croix coupant la légende. Plaque de billon. 3 ps.

514. — — Les deux écussons de Flandre et de Bourgogne, surmontés d'un aigle. ℞. Grande croix coupant la légende. Double gros d'argent.

515. — Charles-le-Téméraire. Croix fleuronnée. Briquet et deux demi-sous.

516. — Marie de Bourgogne. Deux lions assis et affrontés. ℞. Ecusson à sept quarts. Double briquet.

517. — François d'Alençon. Buste à dr. ℞. *Æternum meditans decus;* écusson de France et de Flandre. Demi-écu.

518. Benevent. Sol d'or de Grimoald. Buste de face.

519. — Un tiers sol d'argent de Sigfried. Monogramme. La pièce est un peu écornée.

520. — Grande plaquette de Charles-Quint, 1559. Double aigle. ℞. Ecusson. Un quart écu de Philippe III. 1622. Buste à dr. 2 ps.

521. Ecu d'argent de Philippe III d'Espagne comme duc de Milan. Buste à dr. avec la couronne de fer, 1608. ℞. Ecusson aux armes de Milan.

522. Ecu de Ferdinand VII, 1822. Pièce de 20 réaux.

523. Ecu de Milan pour l'insurrection de Lombardie, 1848. *5 lire italiane.*

524. Michel-Antoine, marquis de Saluces. ℞. Saint Constantin à cheval. Un quart d'écu.

525. Jean-Jacques, maréchal de Trivulce. Saint Georges debout terrassant le dragon. Pièce d'argent.

528. Ecu d'or de Jean III, roi de Portugal. Le saint debout portant un vaisseau sur la main.

529. Ducat d'or du pape Sixte IV. ℞. Saint Pierre dans une barque.

530. Ducat d'or d'Eberhard, duc de Wurtemberg. Buste à droite du duc.

531. Charles II, duc de Savoie. Buste à droite du duc coiffé d'un bonnet. Teston.

532. Ecu d'Honoré II, prince de Monaco, 1652. Buste à dr.

533. Honoré II, prince de Monaco. Louis Ier, prince de Monaco. Deux huitièmes d'écu.

534. Ecu de Ferdinand IV, roi de Sicile, 1795.

535. Ecu du pape Léon XII, 1825.

536. Ecu du pape Pie IX, 1846.

537. République de Venise, mars 1848. Ecu, les deux variétés.

538. De Vilhena, grand maître de Malte. Une pièce d'argent et une pièce de cuivre d'Alof de Vignacourt.

539. Sicile et Naples. Henri de Guise. Une pièce d'argent et une de cuivre.

Monnaies de nécessité.

540. Barcelone, 1811. Cinq pesetas. Deux et demi pesetas. Peseta

541. Girone, 1808. GNA. VNDVRG. Ecu.

542. Catalogne. *30 s. fer. VII, 1808*. Ecu carré.

543. Bréda, *1725*. Une pièce d'argent et une pièce de cuivre.

544. Brissach, *1633*. Trois écussons. XLVIII. Ecu carré.

545. Amsterdam, 1578. Armes de la ville. ℞. PRO. AR. ET. FO. Pièce d'argent.

546. Ecu de Maximilien de Berghes, archevêque de Cambray. Aigle à deux têtes, 1568.

547. Sous ce numéro on vendra les pièces non cataloguées.

RENOU et MAULDE, imprimeurs de la Compagnie des Commissaires-Priseurs, rue de Rivoli, 144.

www.ingramcontent.com/pod-product-compliance
Ingram Content Group UK Ltd.
Pitfield, Milton Keynes, MK11 3LW, UK
UKHW021029260726
13994UKWH00005B/2038